새 화장실
자, 자~. 고양이 풀 사 왔어!
와아!
후후……. 반응 호평!
료크냥은 안 먹어?
아… 이건…
멀뚱
새 화장실로 쓰게 다뇨!
화들짝
안 돼!
보물 상자 오픈
이 몸은 알고 있지…….
냉장고엔 맛있는 게 잔뜩 들어 있다는 것을!
으랏!
덜컹!
으아아! 쉽게 열잖아?!
봤소?!
대단해! 그치만 그만둬!!

냥줍 일기
1

스즈오 카유

Neko Enikki

들어가며

처음 뵙겠습니다. 스즈오 카유라고 해요.

저는 개인적으로 고양이 보호 활동을 하고 있어요.
보호 활동이라고 하면 주로 야외에 사는 고양이를 포획해
새 가족을 찾아 주거나, 중성화 수술을 한 후 원래 있던
장소로 돌려보내는 것들……을 의미해요.
고양이를 싫어하는 집에서 태어나 자랐던 저는 어렸을
적부터 소망했지만 고양이를 기르지 못했어요. 그래서
버려진 고양이나 몸이 약한 길고양이를 발견해도 도와주지
못했죠. 곤란한 길고양이를 보호하는 건 어느새 제 꿈이 돼
있었답니다.

그리고 어엿한 30대 건어물녀로 성장했을 무렵, 소망이었던 고양이와의 생활을 시작했어요. 잘 때도 깨어 있을 때도 고양이! 고양이! 고양이와의 생활은 상상 이상으로 즐겁고 소란스럽고 강력했어요. 고양이는 개성이 풍부하고 귀여워 항상 제게 활력을 줘요. 이 만화는 그런 일상을 그린 그림일기예요.

일본에는 일부 사람들이 동물을 물건이나 도구처럼 여겨 목숨을 소중히 하지 않는 현상이 있어요. 이 상황이 하루라도 빨리 나아져 고양이와 사람이 함께 즐겁게 살 수 있는 날이 올 수 있도록, 저는 활동을 이어 갈 생각이에요. 이 '고양이 그림일기(원제)'를 통해 고양이의 매력이 전해지는 것과 동시에 생명의 소중함을 느끼셨으면 좋겠어요.

2015년 8월

스즈오 카유

냥줍 일기

*

차례

들어가며 ····· 3

제1장

나와 고양이들과의 만남

- **제1화** 고양이와 살기까지 ····· 12
- **제2화** 자칭 똑똑한 고양이 ····· 19
- **제3화** 프리티 걸 ····· 22
- **제4화** 같이 놀자! ····· 27
- **제5화** 우물우물 장난 ····· 31
- **제6화** 안녕히난감! ····· 35

★ 스즈오 노트 File No.1 사는 환경 ····· 40

새로운 동료!? 계속되는 보호의 나날……

제7화	이 몸은 오우냥이로소이다 ····· 42
제8화	고양이 형제가 있었다 ····· 48
제9화	고양이 형제 재회 ····· 52
제10화	네 고양이의 일상 ····· 56

★ 스즈오 노트 File No.2 여러 마리를 기르는 것 ····· 60

TNR 활동에 관해

| 제11화 | TNR 활동 개시 ····· 62 |
| 제12화 | 새로 온 고양이, 부키 ····· 65 |

| 제13화 | 다음에서 다음으로 ····· 70
| 제14화 | 하쿠&코하쿠 ····· 73
| 제15화 | 새 고양이 부모의 집으로! ····· 78
★ 스즈오 노트 File No.3 트라이얼 ····· 82
| 제16화 | 평생 집 ····· 83
| 제17화 | 꼬리의 행방 ····· 88
| 제18화 | 새로운 만남 ····· 92
| 제19화 | 폭풍 같은 형제 ····· 97
| 제20화 | 형제의 입양 ····· 107
★ 스즈오 노트 File No.4 새 부모 ····· 108

리턴·보호 그리고 이별

| 제21화 | 수술과 리턴 ····· 110
| 제22화 | 포스터를 주세요 ····· 115

| 제23화 | 작은 한 걸음 ····· 120
| 제24화 | 카이 할아버지 잡히다 ····· 122
| 제25화 | 주룩주룩 카이 할아버지 ····· 128
| 제26화 | 오우냥 빈혈 ····· 132
| 제27화 | 이별 전야 ····· 135
| 제28화 | 이별 ····· 139
| 제29화 | 화장 이야기 ····· 144

★ 스즈오 노트 File No.5 작별 인사 ····· 149

서적판 특별편 그 이후의 이야기 ····· 150

부록 페이지 ····· 155
마치며 ····· 156

제 **1** 장

나와 고양이들과의 만남

스즈오가 고양이 소개 ①

- **이름** 세키
- **애칭** 세키냥
- **나이** (보호 당시의 추정 연령) 10살 이상
- **특징** 스즈오가의 첫 번째 고양이. 처음에는 밤에 자주 울고 혼잣말 많은 까다로운 아이였지만, 고양이가 늘어나면서 점점 오라버니 캐릭터가 돼요. 집사의 배 위에서 자는 걸 좋아해요. 특기는 이불 뒤집기, 냥냥 펀치.

코딱지 묻어 있고,

다리를 다쳐서 고름이 맺혀 있고,

몇 년이나 길고양이로 살아온 노묘.

피부병으로 얼굴에 좁쌀.

이름은,

ㅉ자잔!!

세키!

독립적이고 새침데기 같은 이미지였는데~.

쿨한 아이도 있지만 고양이는 애교쟁이가 많아요!

스즈오가 고양이 소개 ②

- 이름 니코
- 애칭 니코 씨
- 나이 (보호 당시의 추정 연령) 4살 이상
- 특징 애교가 많고 밝은 성격이지만, 모르는 사람이나 장소를 어려워하는 겁쟁이예요. 사람의 무릎 위에 올라오는 걸 좋아해요. 집사가 재채기하면 달려오는 귀여운 면도 있어요! (하지만 바로 도망가요.)

이 아이는 니코. 유기묘가 많이 있는 공원에서 데려왔어요.

이 아이는…

화장실까지 따라와 애교를 부려요!

스즈오가 고양이 소개 ③

- **이름** 사부로
- **애칭** 사부
- **나이** (보호 당시의 추정 연령) 6개월
- **특징** 사람 & 고양이를 좋아하는 성격이며, 스즈오가 손님을 반기는 역할. '지금 집사가 놀아 줄 만한 상황인가?' 등 분위기도 읽을 줄 알아요. 사람의 말이 통하는 듯 '하옹' 하고 대답하기도 해요.

이런 스즈오가의 고양이들과 친해지게 된 계기를 소개할게요!

제2화 자칭 똑똑한 고양이

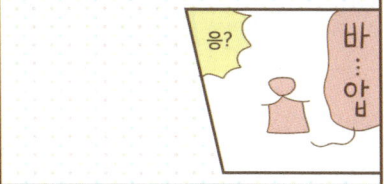

제3화 프리티 걸

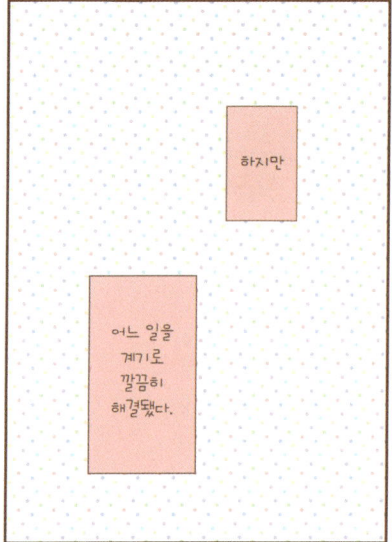

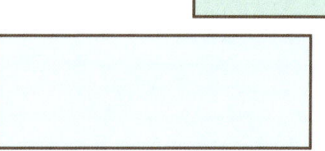

스즈오가 고양이 소개 ④

- **이름** 세이
- **애칭** 세이냥
- **나이** (보호 당시의 추정 연령) 6개월
- **특징** 고양이끼리 잘 무리 짓지 않는 타입의 미소녀. 조용하지만, 가끔 "으냐~앙!" 하고 귀엽게 울어요. 운동 신경이 뛰어나고 먹을 것에 집착이 강하며, 종종 다른 고양이의 밥이나 감자 칩을 노려요.

※먹이 내놔라!

으냐~앙

귀여운 새끼 고양이가 나타났다!

나뭇잎 붙어 있어! 근데 사람을 전혀 안 무서워 하잖아!

검은 고양이! 장모종! 대따 귀여워!

푸헉!

이봐 이봐~ 밥 내놓으라고 이봐~

응!

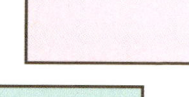

제4화 같이 놀자!

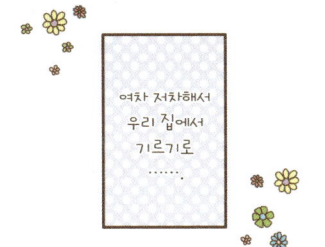

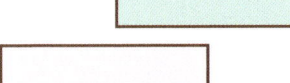

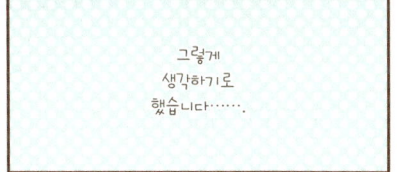

제5화 우물우물 장난감

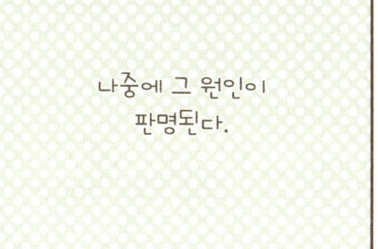

나중에 그 원인이 판명된다.

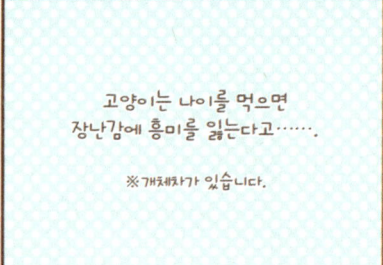

고양이는 나이를 먹으면
장난감에 흥미를 잃는다고…….

※개체차가 있습니다.

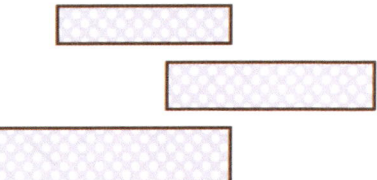

제6화 안녕히난감!

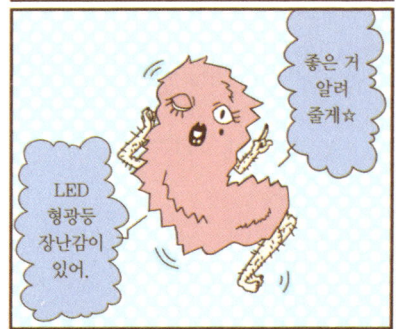

File No.1

스즈오 노트

사는 환경

고양이와 사는 집의 포인트는 반려동물을 기를 수 있는가의 여부! 빌린 집의 경우, 이것 때문에 수가 많이 제한돼요. 가능한 한 넓은 방이 좋지만, 고양이는 상하 운동을 하는 동물이기 때문에 책상처럼 높이차가 있는 장소가 있다면 문제없어요. 우리 집은 벽장 위에 모포를 깔고 열어 뒀는데, 여기가 고양이에게 인기예요. 이런 식으로 돈을 들이지 않아도 약간의 궁리로 고양이가 선호하는 장소를 만들 수 있다고 생각해요.

화장실의 개수는 마릿수+1 정도가 이상적이라고 생각하지만, 비치할 공간이 없어 반 정도인 5~6개를 준비해 알뜰히 청소하고 있어요. 식사할 때는 고양이들이 먹이로 싸우지 않게, 먹는 속도에 따라 방 세 개로 나눠요.

감염병에 걸린 고양이는 주거 공간을 격리하면 되지만, 고양이 에이즈 등 싸움이나 교미로 감염되는 병의 경우 같은 공간에서 생활해도 괜찮아요. 중성화했거나 사이가 좋은 경우 감염될 가능성이 크지 않고, 사이좋은 고양이들을 함께 있도록 하는 건 정서에도 좋다고 생각해요.

제 2 장

새로운 동료!?
계속되는 보호의
나날…….

제7화 이 몸은 오우냥이로소이다

세키 냥이랑…

그리고 생각했던 대로 안으로 갈수록 고양이가 모여 있었다…….

세이 냥을…

봄이나 가을에 점점 늘어나겠지? 너덜너덜한 애들뿐이고…….

큰일이야. 중성화 수술을 하지 않으면…….

얼른 가자~

밍기적 밍기적

보호한 지 몇 개월 후…….

다시 공원을 방문.

동생

!?

이 공원 뭔가 더 있을 거 같아~.

넓으니까 아직 고양이 더 있지 않을까?

저 고양이 이상하지 않아?

뭔가…

스즈오가 고양이 소개 ⑤

- **이름** **오우**
- **애칭** 오우냥
- **나이** (보호 당시의 추정 연령)
  6살
- **특징** 엉덩이에서 장이 튀어나와 있던 걸 보호했어요. 멀뚱한 얼굴에 과묵한 남자아이예요. 성격이 온화해 다른 고양이들이 잘 건드리곤 해요. 한편으로는 초밥을 노리고 냉장고를 여는 똑똑함이 있어요.

제8화 고양이 형제가 있었다

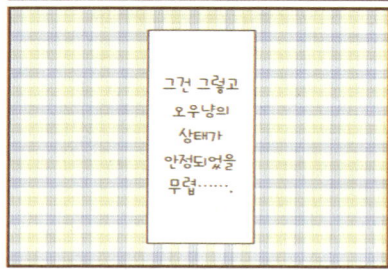
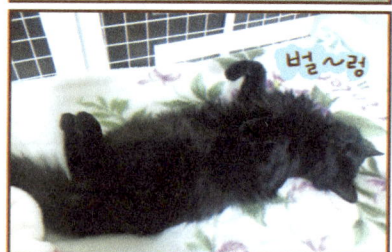

제9화 고양이 형제 재회

*전대물(戰隊物): 일본에서 시작된 특수 촬영물로 다수가 팀을 이루어 악당을 물리친다는 내용을 주로 다룸.

스즈오가 고양이 소개 ❻

- 이름 **료크**
- 애칭 **료크냥**
- 나이 (보호 당시의 추정 연령) 6살
- 특징 갸름한 얼굴의 자칭 멋쟁이. 다른 고양이를 차별하지 않고 상냥하며, 새끼 고양이를 돌보기도 해요! 오우냥과는 길고양이 시절부터 아주 친했어요. 무릎 위에서 앞발을 쭉 뻗고 자는 모습이 귀여워요.

제10화 네 고양이의 일상

*일본의 코미디언 카노 에이코의 만담, '라멘, 츠케멘, 나 이케멘(미남)'의 순서를 틀린 것.

File No.2

스즈오 노트

여러 마리를 기르는 것

많은 고양이와 살면 즐겁기도 하지만, 기본적으로 권장하지는 않아요. 한 마리 한 마리에 들일 수 있는 노력이 한정돼 신경 쓰기 어려울 수 있어요. 매일 관리하는 것도 문제지만, 특히 일부 고양이들의 상태가 나빠졌을 때 병원에 방문하는 시기가 겹치면 큰일이에요. 개인적으로 한 가족이라면 최대 5마리 정도가 한계라고 생각해요. 새끼 고양이의 경우 관리와 놀이에 더 신경 써야 한다고 생각하면 돼요.

고양이와 생활하면서 얻을 수 있는 즐거움은 가득해요! 오순도순 모여 자거나 사이좋게 그루밍(털 고르기)해 주는 모습을 보면 보는 이마저 행복해져요. 여러 마리를 기를 때의 스트레스 여부는 고양이에 따라 다르지만, 밖에서 많은 고양이와 생활한 아이는 다른 고양이와 잘 친해진다고 해요. 반대로 다른 고양이와 딱히 접할 일이 없던 아이는 케이지 등으로 공간을 격리해서 상태를 보는 게 좋아요. 한 마리 한 마리마다 특성이 다르므로 가능한 한 편안한 생활을 할 수 있도록 도와줘야 해요.

제 **3** 장

TNR 활동에 관해

제11화 TNR 활동 개시

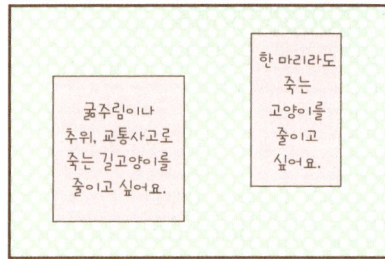

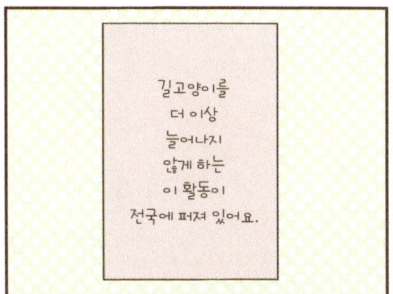

제12화 새로 온 고양이, 부키

스즈오가 고양이 소개 ⑦

- 이름 **야마부키**
- 애칭 부킹코
- 나이 (보호 당시의 추정 연령) 6개월
- 특징 몸집이 작고 세련된 여자아이. 소극적이고 느긋한 성격이에요. 사람으로 치면 교실 구석에서 책을 읽는 성실한 소녀 같아요. 밤에는 집사의 발밑에 끼어 같이 자요.

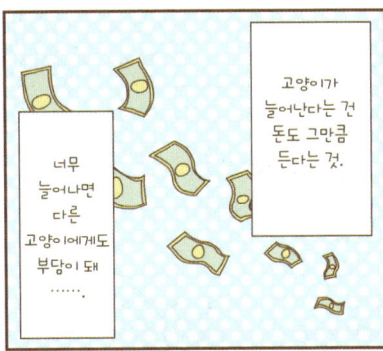

스즈오가 고양이 소개 ⑧

- 이름 **하쿠**
- 애칭 하쿠 님
- 나이 (보호 당시의 추정 연령) 3~4개월
- 특징 사람을 반기는 살가운 하얀 고양이. 나이에 비해 착실한 성격이고, 보호할 당시 같이 자는 등 코하쿠를 돌봤어요. 얌전하고 점잖은 성격이에요. 햇볕 쬐는 걸 좋아해요.

스즈오가 고양이 소개 ⑨

- **이름** 코하쿠
- **애칭** 코하쿠 님
- **나이** (보호 당시의 추정 연령) 3개월
- **특징** 하쿠와 동시에 보호된 고양이. 조심성 많고 만질 수 있지만 달라붙진 않아요. 다른 고양이나 사람에게서 떨어져 보고만 있는 경우가 많아요. 이름을 부르면 밥이라고 생각해 그때만 다가와요.

제5화 새 고양이 부모의 집으로!

좋아! 새 부모 찾기! / 왜 그러세요? / 꺄옷 꺄옷 / 깔끔해진 하쿠와 코하쿠!

이 집 좋을 거 같아~. / 몇 번이고 납득될 때까지 메일로 연락을 주고받고,

전단지를 붙일 자신은 없었기에 …….

어떡 할래요? / 어떡 하죠? / 새 부모 찾기는 그 아이의 일생을 결정짓는 중요한 일.

건강한 새끼 암컷 고양이 2마리 같이 입양하실 분 모집.

하쿠
코하쿠

차로 편도 2시간가량을 희망합니다.
실내에서만 기르고 매년 백신을 접종해 소중히 데리고 있어 주실 분.

고양이 입양 사이트에 글을 올렸어요.

저 갈래요 / 코하쿠도 갈래요!

오옷! / 무려 몇 건의 문의를 받게 되어 …….

됐다……. 됐구나. 다음 주에 출발이야. / 기후현에 있는 집으로 결정!

File No.3

스즈오 노트

트라이얼

새 부모를 모집해 후보를 찾은 후에는 메일을 몇 번 교환한 후 '트라이얼'을 해요. 이는 새로운 집에 실제로 고양이가 생활하면서, 그 집에 있던 고양이와의 상성이나 환경에 적응할 수 있을지를 확인하는 작업이에요.

보호하는 주인에 따라 방법은 다르지만, 저는 새 부모의 집을 두 차례 방문해요. 첫 번째 방문 때는 고양이를 데려갈 때 케이지나 물을 넣은 화장실 등의 일용품을 빌려줘요. 익숙해질 때까지 케이지 안에서 돌본 후, 괜찮으면 방을 자유롭게 돌아다니게 해요. 기간은 약 1주일간이고, 상황을 더 보고 싶을 때는 2~3주로 늘리기도 해요. 두 번째 방문 때 고양이를 다시 데려오는 경우도 있지만, 입양이 결정됐을 때는 빌려준 도구만 갖고 와요.

트라이얼과 입양을 할 때는 각각 계약서를 써요. 전자는 밤에 울거나 인수 등 그때의 트라이얼에 관련된 서류예요. 후자는 탈주 방지나 백신 접종 등 이후의 생활에 관한 약속이에요. 상세한 조항도 있지만, 고양이의 일생이 걸려 있기 때문에 착실히 지키도록 하고 있어요.

제16화 평생 집

보습하면서 피부가 재생되길 기다리기로 했어요.

그런고로 이 아이를 치료해 새 부모를 찾아 주기로 했어요!

뿍? 뿍뿍뿍?

이건 조금 오래된 상처라…
치료에 시간이 걸릴 것 같아요.
여긴 어디? 무슨 일이냐?

에이즈, 백혈병 음성, 꼬리 이외에는 딱히 문제없고…….

시간이 걸린다고요!? 에에 에에~!

3살 정도의 얌전한 여자아이예요.

절단하면 상처가 깨끗해 금방 나을 거예요.
그쪽이 빠르긴 한데요…….
아뇨! 절단은 좀…….

*좌우의 색이 다른 눈을 일컬음.

제17화 꼬리의 행방

하지만…
반년 정도
다녔지만
……

……

반년
이나…

그동안 치료를
해 왔지만
상처가 낫는
기미가 없네요.

죄송
합니다
…….

후~우

반년
이나
열심히
했는데

자른
다뿌?

꼬리를
자르는 게
어떨까
싶은데요
…….

이대로
계속해도
낫지 않을 것
같습니다.

제19화 폭풍 같은 형제

스즈오가 고양이 소개 ⑪

- **이름** 차로
- **애칭** 차로피
- **나이** (보호 당시의 추정 연령) 3개월
- **특징** 응석받이에 새끼 고양이다운 성격. 형제 차차와 함께 뛰어다니면서 커튼에 매달리는 등, 스즈오가를 어지럽히곤 해요. 이후 새 부모에게 입양을 가 '차오'군으로 개명했어요.

크헉!

철퍽!

쿡!

세키

오우

로크

졸다냥

차로

둘은 순조롭게 스며들었습니다......

아저씨 따뜻해여

그러한가?

오우

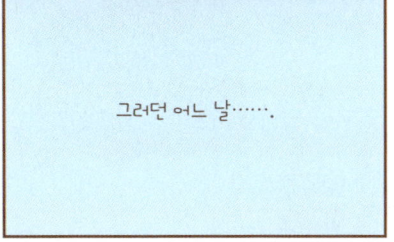

스즈오가 고양이 소개 ⑫

- **이름** 차차
- **애칭** 차차피
- **나이** (보호 당시의 추정 연령) 3개월
- **특징** 형제 고양이 차로와 겉모습, 성격이 똑 닮았고 긴 털을 지녔어요. 둘이서 사이좋게 집안을 뛰어다녀요. 손님이 오면 벌벌 떨며 숨기도 해요. 이후 새 부모에게 입양을 가 '라이'군으로 개명했어요.

제20화 형제의 입양

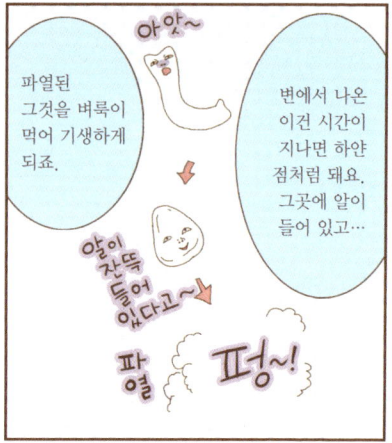

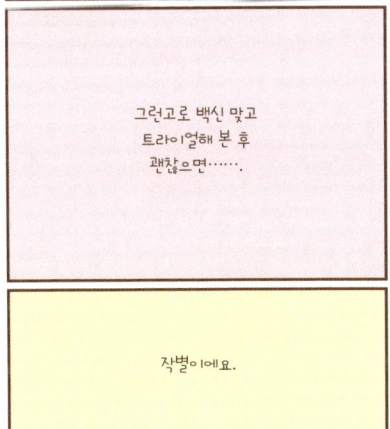

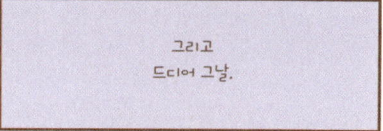

File No.4

새 부모

저 같은 경우, 고양이들에게 새 부모를 찾아 줄 때의 조건이 까다로울지도 모르겠어요. 반려동물 사육이 가능한 집의 실내에서만 기르고, 매년 백신 접종을 받고 60세 미만인 분이 있는 가정이라는 조건이에요. 홀로 사는 사람이나 동거하는 커플은 NG…라는 내용으로 모집하고 있어요. 또한, 이동 시의 스트레스를 고려해 우리 집에서 차로 편도 2시간까지의 거리를 기준으로 삼고 있어요.

이런 자잘한 조건을 내세우는 건 고양이에게 행복한 미래를 약속하기 위함이에요. 사람 어린아이와 마찬가지로 정말 소중히 대해 줄 사람에게 맡기고 싶기 때문이에요. 슬프지만 보호된 고양이를 이용해 사기를 치는 사람도 있으니, 그러한 위험으로부터 고양이를 지켜야만 해요.

떠나보낼 때는 쓸쓸하지만, 새 가족이 생기는 건 고양이에게 있어 행복한 일이기 때문에 괴롭진 않아요. 새 부모로부터 나중에 사진을 받기도 하는데, 귀여움받는 건강한 모습을 보면 마음속으로 '다행이야~.'라고 생각하게 된답니다.

제  장

리턴·보호
그리고 이별…….

제21화 수술과 리턴

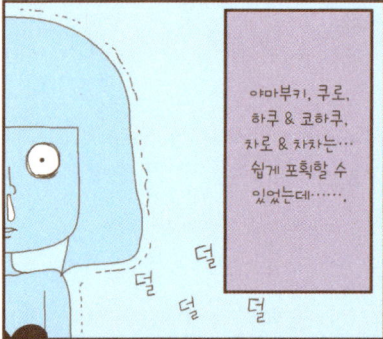

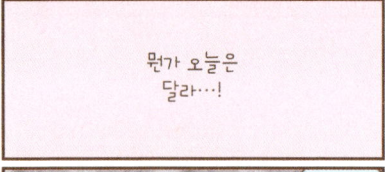

☆ 부록 ☆

제22화 포스터를 주세요

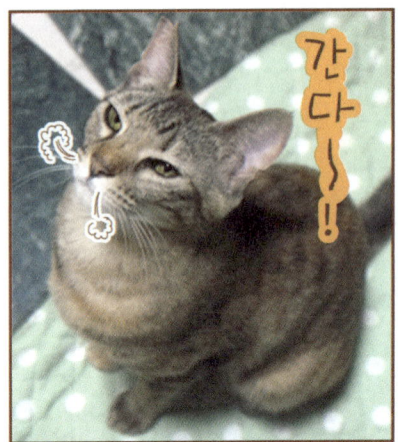

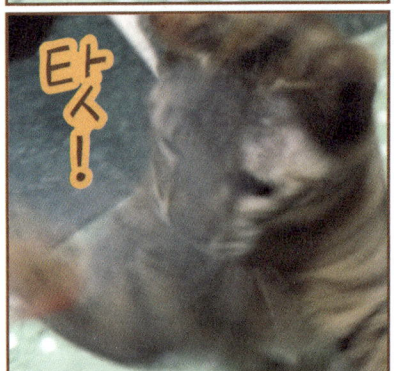

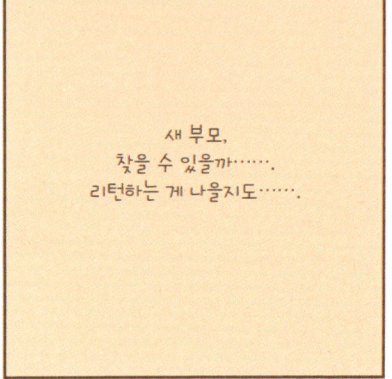

*표범과 비슷한 문양을 지닌 단모 고양이

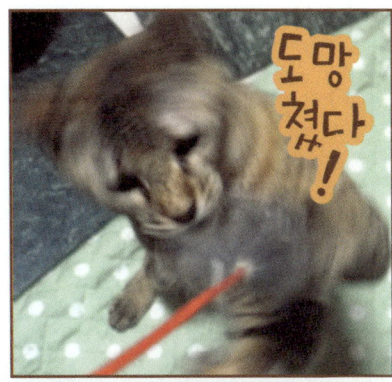

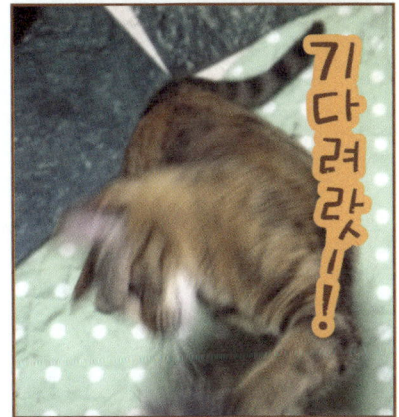

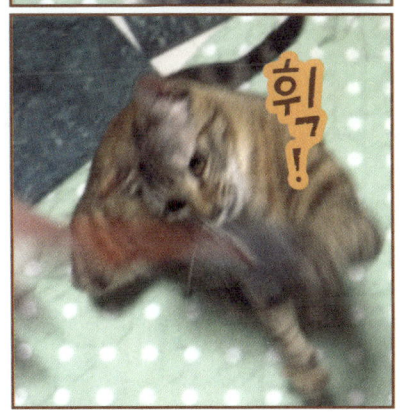

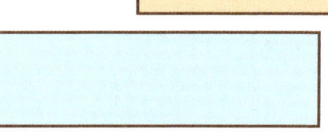

제23화 작은 한 걸음

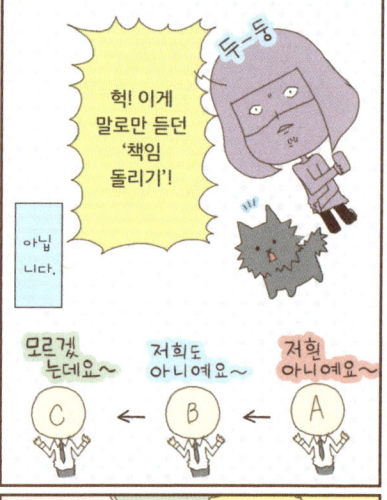

*몇 년 전 포스터입니다. 현재는 법령이 개정되어 처벌이 강화됐어요.

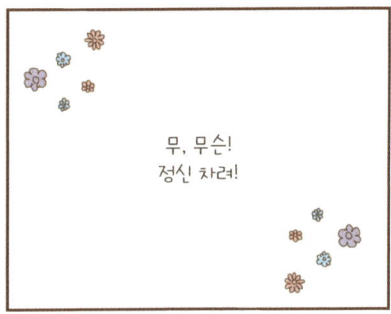

무, 무슨!
정신 차려!

소란 피우면 보호는 포기하자!

좋아! 그럼 이대로 안고 차까지 소란 없이 가면 보호!

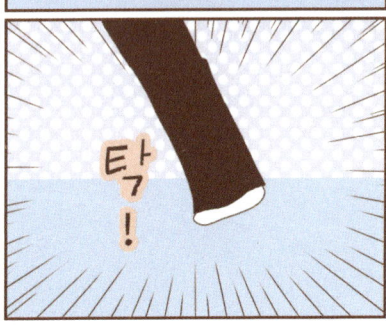

탁!

스즈오가 고양이 소개 ⑬

- **이름** 카이
- **애칭** 카이 할아버지
- **나이** (보호 당시의 추정 연령) 10살 이상
- **특징** 간호할 요량으로 보호했지만 제법 활발한 할아버지 고양이예요. 애교쟁이에 집사가 만화를 그릴 때 무릎 위에 올라와요. 잘 때 손을 둥글게 말고 머리를 기댄 모습이 귀여워요.

제25화 주룩주룩 카이 할아버지

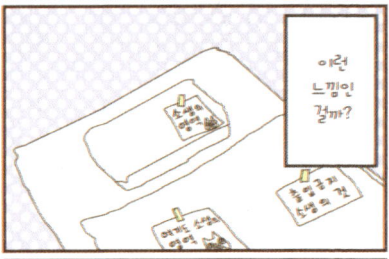
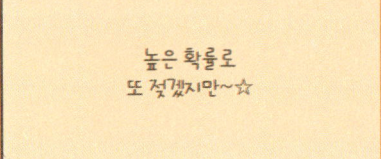

제26화 오우냥 빈혈

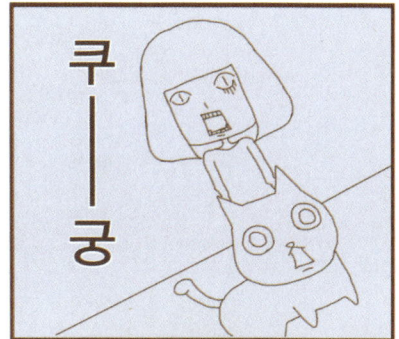

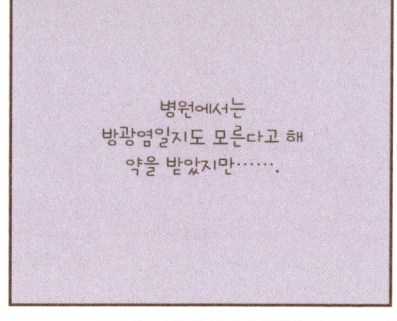

제27화 이별 전야

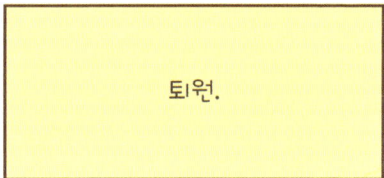

*바늘이 없는 주사기 같은 도구.

제28화 이별

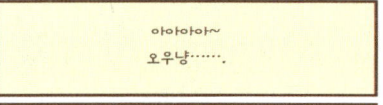

하지만 만약 차 안에서
숨을 거두게 된다면…

마지막은 집에서 보내고
싶겠지……?

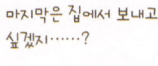

만약 병원에 가도
진정제를 놓는
정도라면…
만약 병원에서
죽어
버린다면…….

3시간 후.

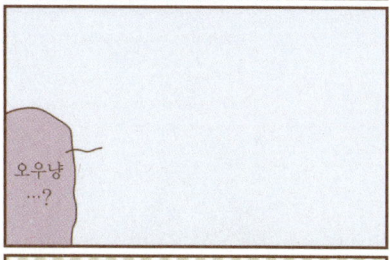

제29화 화장 이야기

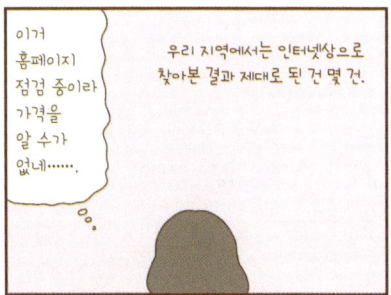
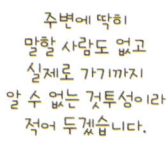
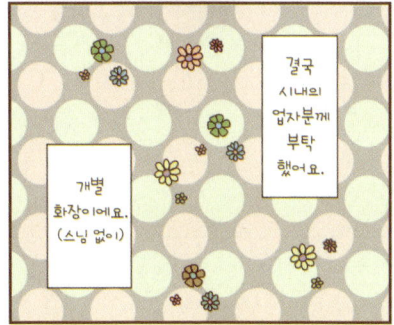
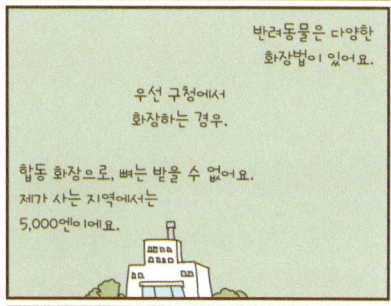

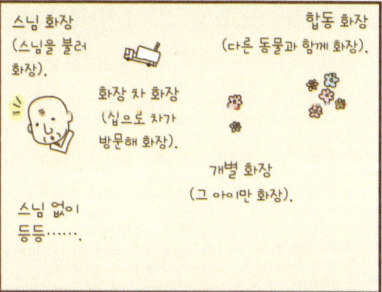

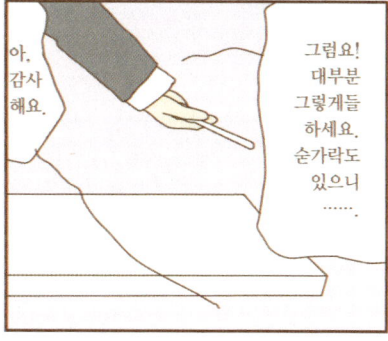

File No.5

작별 인사

일반적으로 고양이의 수명은 15~20년 정도라고 해요. 언젠가 이별하는 날이 올 거라 각오하고 있지만, 병 등으로 보다 빨리 사망하기도 해요.

헤어지는 날, 오우냥은 걷지 못해 침대 위에 반려동물용 시트를 깔아 재웠어요. 당시에는 아직 써 본 적 없었지만, 고양이용 기저귀도 시판되고 있으니 이용하면 좋을 것 같아요.

식사는 병원에서 물기 많은 영양식을 먹었고, 주입기(시린지, 바늘이 없는 주사기 같은 도구)를 사용했어요.

오우냥이 죽었을 때 정말 슬펐지만, 죽음에 관해 생각하는 계기도 됐어요. 사후에 관련된 책을 몇 권 읽는 동안 신기하게도 마음이 편안해졌어요. 그곳에는 고양이와 인간은 죽은 후에 가는 세계가 살짝 달라 인간이 마음만 먹으면 만날 수 있다고 적혀 있었어요.

윤회와 전생 같은 사고방식에서는 동물은 몇 번이고 다시 태어난다고…… 해요. 지금쯤 다른 동물로 다시 태어나서, 이 세상 어딘가에서 활기차게 생활하고 있는 걸까? 하는 생각도 하고 있어요.

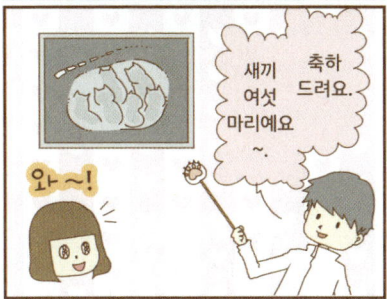

서적판 특별 편

부록

스즈오 카유에 관한 이모저모……

30대 / 요리 못함 / 목소리가 낮음 / 안짱다리

스즈오 카유 만화 작업 스타일

※ 안경
※ 헤어밴드
※ 헐거운 옷
※ 고양이 털 범벅

거어물녀 패션 ☆

스즈오 카유 외출 스타일

※ 컬러 렌즈
※ 항상 원피스
※ 항상 검은 스타킹
※ 항상 펌프스

위아래 옷 생각하는 거 귀찮아……

스즈오 카유의 어느 휴일

9시	10시	11시	12시	22시	23시
취침	기상, 고양이 밥	동물 병원 or 방 청소	만화 작업 개시	고양이 저녁밥, 고양이 화장실 청소 물 갈기	만화 작업 재개

스즈오 카유의 어느 일주일…… 포획 등 상황에 따라 변할 수 있습니다.

월요일……퇴근 후 / 블로그 갱신
화요일……퇴근 후 / 동물 병원
수요일……퇴근 후 / 동물 병원
목요일……퇴근 후 / 원고 작업
금요일……퇴근 후 / 공원에서 포획
토요일……오전 중 / 동물 병원 오후 / 원고 작업
일요일……오전 중 / 공원에서 포획 야간 / 원고 작업

스즈오가 방 배치

평평한 일층 집에 동물 사육 가능. 2LDK 집세 6만 엔

※ 1~29화 제작 당시

후기

이번에 『냥줍 일기』를 손에 넣어 주신 여러분 감사합니다.
개인적으로 블로그에서 조금씩 그리고 있었던 만화를 comico에서 연재하게 되어, 이렇게 책의 형태로 여러분에게 보여 드릴 수 있게 되었습니다.
이것도 응원해 주시는 독자 여러분, 버팀목이 되어 주시는 여러분 덕분입니다.
진심으로 감사드립니다!
많은 분에게 고양이들과 길고양이들의 이야기, 봉사하는 일에 대해 알려 드릴 수 있으면 좋겠다고 생각합니다.

☆Special Thanks☆

comico 담당·미우라 님, 호리구치 님, 키타무로 님, 다카마츠 님, comico 운영 여러분, 디자이너 시마 님, 편집·하나시마 님, 자원봉사자 동료 여러분, 새 부모 여러분, 만났던 고양이들 모두······

글·그림 스즈오 카유
아이치현 도요하시시 거주 중. 나고야 예술 대학 졸업 후, 식품 브랜드에 디자이너로 취업했다.
25살 때 보건소에서 동물 살처분과 길고양이의 처우를 알고 TNR(길고양이를 포획해 중성화 수술을 시킨 후 원래 장소에 풀어 주는 활동)과 보호 활동을 시작했다.
2011년, 블로그에서 고양이와의 생활과 봉사 활동 만화 연재를 시작했다.
2012년, 개인 봉사로 '스즈오 고양이 모임'을 발족했다.
2013년, 웹 만화 사이트 comico에서 '고양이를 싫어하는 집에 태어난 고양이 애호가가 고양이와 지내는 그림일기'(통칭: 고양이 그림일기) 연재를 시작했다.
현재는 TNR 보호 활동을 생활의 중심으로 놓고 comico에서 연재하고 있다.
※현재는 다양한 단체, 개인이 고양이 보호 활동인 TNR을 하고 있기 때문에 본서에서 다룬 수단과 방법이 전부는 아닙니다.

역자 나정환
고려대학교 생명과학부 전공으로 올해 졸업을 앞두고 있다. 일본 문학에 흥미를 느껴 자연스럽게 일본어를 공부하게 되었고, 우연한 기회를 통해 번역 일을 시작하게 되었다. 번역한 책으로는 『더 엉뚱한 동물 총집합』, 『난 억울해요!』, 『깜짝 놀랄 심해 생물 백과』(코믹컴), 『움직이는 도감 MOVE 식물』(루덴스미디어)이 있다.

● **편집 협력·칼럼**　　하나시마 유우
● **본문 디자인**　　카네마키 마사카즈·미야자와 쿠루미

냥줍 일기 1

글·그림 스즈오 카유
역자 나정환
찍은날 2020년 7월 8일 초판 1쇄
펴낸날 2020년 7월 15일 초판 1쇄
펴낸이 홍재철
편집 이호경
디자인 바선영
마케팅 황기철·안소영
펴낸곳 루덴스미디어(주)
주소 경기도 고양시 일산동구 무궁화로 43-55, 604호(장항동, 성우사카르타워)
홈페이지 http://www.ludensmedia.co.kr
전화 031)912-4292 | **팩스** 031)912-4294
등록 번호 제 396-3210000251002008000001호
등록 일자 2008년 1월 2일

ISBN 979-11-88406-91-3　07830
ISBN 979-11-88406-90-6(세트)

결함이 있는 책은 구입하신 곳에서 바꾸어 드립니다.
값은 뒤표지에 있습니다.

이 도서의 국립중앙도서관 출판시도서목록(CIP)은 e-CIP홈페이지
(http://www.nl.go.kr/ecip)에서 이용하실 수 있습니다. (CIP제어번호 : CIP2020027883)

NEKO ENIKKI
Copyright © Kayu SUZUO/comico2015
First published in Japan in 2015 by PHP Publishing, Inc.
Korean translation rights arranged with NHN comico Corp.
through JM Contents Agency Co.
Korean edition copyright © 2020 by LUDENS MEDIA Publishing Co., Ltd.

이 책의 한국어판 저작권은 JM 컨텐츠 에이전시를 통한 NHN comico Corp.와의 독점 계약으로 루덴스미디어(주)에 있습니다.
저작권법에 의하여 한국 내에서 보호를 받는 저작물이므로 무단 전재와 무단 복제를 금합니다.

자주 꾸는 악몽 ①
응? 어라!? 어째서 우리 애들이 밖에 나와 있는 거야?
히이이이익!
갸아악! 기다려!
그쪽으로 가면 안 돼!!
어떡하지~!
으아아아 가지 마!
미아가 된다고!!
핫!
꾸… 꿈?
다행이다 …….
자주 꾸는 악몽 ②
이 공원 처음 와 보네~.
뭔가 고양이가 있을 거 같은 분위기야….
아! 있다!
암컷이잖아? 수술 시켜야지.
끄아아악! 엄청 많아!
어떡하지!
큰일이야, 큰일! 큰일!
핫!
꾸… 꿈?
다행이다 …….